Heide Klingmüller

Schritt für Schritt zum
Scherenschnitt

Materialien·Techniken·Gestaltungsvorschläge

Inhalt

Mit der Reihe »Schönes Hobby« hat der FALKEN Verlag
neue Maßstäbe gesetzt. Jeder Band enthält Vorlage-
oder Schnittmusterbögen, meist in Originalgröße.
Fragen Sie Ihren Buchhändler!

Abb. Seite 1:
»Pfauen«-Faltschnitt mit ornamentalen Innenschnitten

ISBN 3 8068 0732 9

© 1984/1989 by Falken-Verlag GmbH,
6272 Niedernhausen/Ts.
Titelbild: Autorin
Scherenschnitte: Autorin, M. Kaempffe,
Bettina Klingmüller, Franziska Klingmüller
Fotos: Carla Damler
Die Ratschläge in diesem Buch sind von der Autorin
und vom Verlag sorgfältig erwogen und geprüft,
dennoch kann eine Garantie nicht übernommen
werden. Eine Haftung der Autorin bzw. des
Verlages und seiner Beauftragten für Personen-,
Sach- und Vermögensschäden ist ausgeschlossen.
Satz: Dinges + Frick, Wiesbaden
Druck: Zumbrink Druck GmbH, Bad Salzuflen

Scherenschnitt, eine weitverbreitete Volkskunst

**Polnischer Scherenschnitt
aus Łowicz**

Es gibt Scherenschnitte im Miniaturformat, die eine ganze Szene darstellen, aber auch Silhouetten in Lebensgröße. Das sind natürlich zwei extreme Formate. Aber diese Beispiele sollen zeigen, daß man auf vielerlei Art und Weise den Umgang mit Schere und Papier pflegen kann.

Das Charakteristische für den Scherenschnitt ist, daß er aus einem zusammenhängenden Papier besteht, ganz gleich, wie groß dieses Papier ist. Gab es zunächst auch Schnitte aus Pergament, so werden die heutigen Scherenschnitte vorwiegend aus Papier hergestellt. Als Arbeitsmittel wird meist eine Schere, seltener eine Schneidefeder verwendet. Bei der Massenproduktion können die Motive maschinell aus dem Papier gestanzt werden.

Es ist möglich, in einem Arbeitsgang gleichzeitig zwei oder mehr Exemplare zu schneiden. Dann darf das Papier, das zum Schneiden verwendet wird, aber nicht zu dick sein.

Möchte man ein symmetrisches Motiv gestalten, so kann man das Papier falten und beide Hälften in einem Arbeitsgang schneiden. Dabei ist darauf zu achten, daß eine Mittelachse stehenbleibt, damit die beiden Schnitthälften beim Aufklappen nicht auseinanderfallen.

Die Anzahl der Exemplare, die man in einem Arbeitsgang schneiden kann, ist begrenzt. Wenn man zu viele Papierschichten gleichzeitig schneidet, können sie sich beim Arbeiten verschieben.

Das Scherenschneiden als Volkskunst wurde zu den verschiedensten Zeiten und auch in den verschiedensten Ländern gepflegt. Dabei bildeten sich typische Motive und Stilrichtungen heraus, die es leicht machen, die Schnitte den einzelnen Gegenden zuzuordnen.

Polnische Scherenschnitte zum Beispiel sind Faltschnitte aus einfarbigem, meist glänzendem Buntpapier. Sie sind in der Regel farbig verziert. Bäume, Vögel und Paare in der Nationaltracht sind häufig anzutreffende Motive. In bäuerlichen Gegenden wurden die getünchten Wände der Stuben damit beklebt.

4

Ganz anderer Art sind die chinesischen Schattenbilder. Hier werden nicht nur die Umrisse der Figuren ausgeschnitten, die sich dann vor dem Hintergrund als Schatten abheben, sondern die Motive wirken durch Einschnitte und Durchbrüche zart und leicht. Das verwendete Papier ist häufig eingefärbt, oft in zarten Abstufungen.

In der Schweiz kennt man die großformatigen Faltschnitte, die ganze Szenen abbilden. Ein sehr beliebtes Motiv sind die Almaufzüge. Oft sind die Bilder von einer Schmuckborte eingerahmt. Neben schwarz-weißen Schnitten gibt es farbige Darstellungen. Manchmal wird auch in sich gemustertes Papier für die Ausschmückung verwendet. In einigen Schweizer Gegenden wird die Tradition des Scherenschneidens heute noch in der Schule gepflegt.

Arabische und jüdische Scherenschnitte mit ihren ornamental gestalteten breiten Rändern seien hier ebenso erwähnt wie farbenfrohe südamerikanische.

In Holland war vor allem im 17. Jahrhundert der zierliche Weißschnitt beheimatet, und viele Damen der Gesellschaft übten sich in dieser Kunst.

An Klöppelspitze erinnern die geschnittenen Umrandungen der Heiligenbildchen, die in der Barockzeit an Wallfahrtsorten den Pilgern verkauft wurde.

Auch in Deutschland hatte der Scherenschnitt immer wieder einmal seine Blütezeit. Bekannt sind die Blumen- und Rankenmotive der Biedermeierzeit. Bedeutende Künstler wie Philipp Otto Runge haben diese Kunst gepflegt und beispielhafte Werke geschaffen.

Silhouette

Chinesischer Schattenriß

In der Goethezeit war es Mode, Schattenporträts zu schneiden. Es gab dafür eigens konstruierte Apparate, mit deren Hilfe es möglich war, den Schatten eines Profils auf eine Wand zu werfen und abzuzeichnen. Denn nicht jeder hat das Talent, aus freier Hand ein Porträt zu schneiden. Manchmal kann man auf Jahrmärkten solche Silhouettenschneider erleben, die im Handumdrehen einen Kopf geschnitten haben.

Der französische Finanzminister Etienne de Silhouette hat den Schattenbildern ihren Namen gegeben. Er stellte 1759 ein Sparprogramm auf, das unter anderem die Anfertigung von billigen Schattenporträts anstelle teurer Miniaturen oder Gemälde empfahl. Vor der Erfindung der Fotografie war die Silhouette überall bekannt und verbreitet.

Aus dem Schatten, der sich vor einer hellen Wand scharf abhebt, ergab sich das Schattenbild. Wir kennen heute hauptsächlich schwarze Scherenschnitte vor einem weißen Hintergrund.

Material und Werkzeug

Zum Scherenschneiden braucht man nur wenig Werkzeug. Das meiste, wie Lineal-, Blei- und Buntstifte, Radiergummi, hat man sowieso im Haus. Man sollte immer darauf achten, daß man gutes Material verwendet, denn damit geht es auf jeden Fall leichter.

Schere

Das wichtigste Instrument für den Scherenschnitt ist eine gute Schere. Eine Nagelschere oder eine Stickschere können genommen werden, wenn keine spezielle Schere zur Hand ist. Auch mit einer gebogenen Schere läßt sich arbeiten.

In Fachgeschäften kann man Silhouettenscheren kaufen. Solche Scheren haben im Verhältnis zu den langen Griffen kurze Schneiden. Es ist ratsam, beim Kauf eine Schnittprobe zu machen, denn keine Schere schneidet wie die andere. Man soll darauf achten, daß die Schere bis in die Spitze hinein gleichmäßig schneidet. Sie darf nirgendwo hemmen. Besonders für Innenschnitte ist es wichtig, daß das Ende der Schneiden ganz spitz ausläuft. Wer sehr fein arbeitet, braucht auch eine feine Schere. Für gröberes Schneiden bei mehreren Papierschichten muß die Schere stabiler sein.

Mit einer Papierschere und vor allem mit einer zierlichen Silhouettenschere soll man kein anderes Material als Papier schneiden. Die Schneideflächen sollen immer ganz sauber und fettfrei sein, denn die kleinste Unebenheit beeinträchtigt einen gleichmäßigen Schnitt. Jede Schere nutzt sich durch häufigen Gebrauch ab. Deshalb sollte man sie von Zeit zu Zeit nachschleifen lassen. Die empfindliche Spitze einer Silhouettenschere muß beim Aufbewahren vor Stoß geschützt werden.

Papier

Verschiedene Papiersorten eignen sich zum Scherenschneiden. Es hängt vom Motiv ab, das geschnitten werden soll, welche Art man verwendet. Je feiner ein Scherenschnitt ist, desto dünner und glatter muß das verwendete Papier sein.

Das Gewicht einer Papiersorte wird in Gramm pro Quadratmeter (g/m²) gemessen. Schulhefte haben in der Regel ein Papier von 80 g/m² Gewicht. Diese Papierstärke eignet sich vorzüglich für Scherenschnitte.

Wir kennen heute meistens schwarze Silhouetten, die aus mattem schwarzem Papier geschnitten sind. Derartiges Papier ist gewöhnlich auf der Rückseite weiß. Manchmal ist es auch rückseitig gummiert. Es wird in Heften zu 10 Blatt im Format DIN-A5 oder DIN-A4 angeboten. Große Bogen sind in Fachgeschäften auch einzeln käuflich. Daneben gibt es schwarz durchgefärbtes Papier in großen Bogen oder auf der Rolle. Diese Sorte hat eine rauhere Oberfläche, ist nicht ganz so tiefschwarz und eignet sich vor allem für Silhouetten und Faltschnitte, da die rauhe Oberfläche gut zusammenhaftet. Ein Scherenschnitt läßt sich auch zwischen zwei Glasscheiben aufbewahren. In diesem Fall wählt man durchgefärbtes Papier, weil es von beiden Seiten sichtbar ist.

Weißschnitte werden am besten aus Schreibmaschinenpapier geschnitten.

Es gibt matte und glänzende Buntpapiere, die sich für farbige Scherenschnitte eignen. Die richtige Sorte zu finden ist nicht ganz einfach. Da hilft nur das Experimentieren. Bei manchen Buntpapieren bricht die Farbschicht, wenn das Papier gefaltet wird. Sie sind dann für den Scherenschnitt ungeeignet.

Die Hauptsache beim Scherenschneiden ist eine geeignete Schere sowie das richtige Papier

Origami-Papier ist für farbige Schnitte gut zu gebrauchen. Es ist dünn, aber fest, und wird in einer großen Farbskala angeboten.

Zum Verzieren eines bunten Scherenschnitts braucht man meist nur kleine Papierstücke. Deshalb kann man alle möglichen bunten Papierchen sammeln, um bei Bedarf die passende Farbe zur Hand zu haben. Wunderschöne Farbtöne findet man auf farbigen Reklamefotos.

Karton und Klebstoff

Jeder Scherenschnitt braucht einen passenden Hintergrund. Meist wird er aufgeklebt. Dazu nimmt man am besten glatten, holzfreien Karton. Je größer der Scherenschnitt ist, desto stärker sollte der Karton sein. Bristolkarton hat eine glatte Oberfläche und ist in verschiedenen Stärken und Größen zu kaufen. Fotokarton gibt es in schönen Farben. Er ist als Untergrund für weiße Schnitte geeignet. Tonpapier ist zu dünn.

Zum Aufkleben nimmt man am besten Tapetenkleister, der dick angerührt und mit einem Pinsel auf der Rückseite des Schnittes aufgetragen wird. Man braucht nur kleine Mengen davon. Im Papierhandel gibt es Kleinpackungen dieses Celluloseklebstoffes. Das Pulver wird mit Wasser angerührt. Reste des angerührten Kleisters kann man in einem verschlossenen Gefäß aufbewahren. Eingedickter Klebstoff läßt sich mit etwas Wasser wieder verdünnen. Zum Aufkleben sollte er zähflüssig sein. Kleine kompakte Schnitte kann man auch mit einem flüssigen Papierkleber oder mit einem Klebestift bestreichen.

Da nicht jeder Klebstoff gleich gut geeignet ist, lohnt sich in jedem Fall eine Klebeprobe mit Abfallpapier, bevor man darangeht, einen ganzen Scherenschnitt aufzuziehen.

Gummiertes Papier muß nur mit Wasser angefeuchtet werden, bevor es auf den Karton geklebt wird.

Wenn man einen Schnitt auf Holz oder zum Beispiel auf ein ausgeblasenes Ei kleben möchte, dann ist Capaplex dafür geeignet. Normalerweise verwendet man es zum Bestreichen von Tapeten, die dadurch wasserfest werden. Wird der aufgeklebte Schnitt damit noch einmal überstrichen, so ist er geschützt. Der Karton wird mit einer Papierschere oder einem Schneidemesser auf die richtige Größe zugeschnitten. Zum Aufzeich-

Der Scherenschnitt auf dem Ei erhielt einen Schutzanstrich aus Capaplex

nen der richtigen Maße legt man sich Bleistift und Lineal zurecht.

Weitere Hilfsmittel

Papier hat die Eigenschaft, sich zu rollen, wenn es geschnitten wird. Deshalb ist es ratsam, den fertigen Scherenschnitt erst einmal zu pressen, bevor er aufgeklebt wird. Geschickt ist es, wenn man ihn dazu unter eine Glasplatte legt. Erstens kann man sehen, ob sich einzelne Papierteile umgeknickt haben. Zweitens kann man sich ein Bild von dem Werk machen und eventuell noch etwas daran verbessern. Der gepreßte Schnitt läßt sich nun leicht aufkleben.

Nach dem Aufkleben wird der Scherenschnitt zwischen Löschpapier gelegt und beschwert, bis das Papier getrocknet ist.

Die richtigen Zutaten für den passenden Hintergrund

Über das Schneiden

Der Schatten an der Wand zeigt deutlich, worauf es beim Scherenschneiden ankommt. Will man Figuren erkennen, dann müssen sie in ihren Umrissen eindeutig sein. Die hier abgebildeten Tiere sind leicht zu identifizieren, wenn sie im Profil zu sehen sind.

Die Schatten sind kaum zu erkennen

Im Profil werden die Umrisse eindeutig

Der Scherenschnitt ist eine flächige Darstellung. Er hat keine Perspektive. Überschneidungen ergeben ein ungenaues Bild. Deshalb ist ein Entwurf so aufzubauen, daß die Figuren neben- und übereinander angeordnet sind und nicht hintereinander.

Beim Schneiden arbeiten beide Hände zusammen. Mit der einen Hand schließt man die Schere langsam und gleichmäßig bis fast zur Spitze. Man öffnet sie dann wieder, indem man gleichzeitig mit der Klinge bis zum Kreuzpunkt der Schere nachrutscht. So kann man weiterschneiden, ohne daß eine Unterbrechung des Schnitts zu sehen ist. Würde man ganz bis zur Spitze schneiden und dann wieder neu ansetzen, dann würde die Schnittlinie eckig.

Die andere Hand dreht das Papier in der gewünschten Richtung. Beide Hände bewe-gen sich dabei in einem aufeinander abge-stimmten Rhythmus. Dreht man das Papier zu schnell oder schneidet man zu hastig, so werden die Konturen ungenau, die Schnitt-kante franst aus, oder das Papier wird einge-rissen.

Die Hand mit der Schere wird beim Schneiden ganz ruhig gehalten. Nur die Pa-pierhand ist in ständiger Bewegung. Man schneidet nicht um die Umrisse herum, son-dern bewegt das Papier auf die Schere zu.

Die Hände arbeiten beim Schneiden miteinander

8

Die Silhouette

Die einfachste Form des Scherenschnittes ist die Silhouette. Der Schatten an der Wand wird in Papier nachgeschnitten und zeichnet sich vor einem kontrastierenden Hintergrund scharf und deutlich ab. Da das Papier beim Schneiden ständig gedreht wird, ist es besonders bei ersten Versuchen mit Schere und Papier eine Hilfe, wenn das Motiv, das geschnitten werden soll, vorher aufgezeichnet wurde.

Für die weiße Rückseite des Scherenschnittpapiers nimmt man dazu einen Bleistift. Auf durchgefärbtem Papier sieht man einen hellen Buntstift gut.

Der Entwurf für einen Scherenschnitt ist gut vorbereitet, wenn man versucht, in einem Strich zu zeichnen, ohne daß sich die Umrißlinien überschneiden.

Normalerweise wird auf der linken Seite des Blattes begonnen. Man zeichnet die Silhouette im Uhrzeigersinn, bis man wieder zum Anfang zurückkommt. Jetzt nimmt man die Schere zur Hand und kann die Umrisse ausschneiden. Dabei beginnt man am rechten unteren Rand und schneidet nach links, bis man wieder zum Ausgangspunkt zurückkommt.

Linkshänder werden in umgekehrter Richtung zeichnen und schneiden.

Das Motiv wird dabei in der Hand gehalten. Das weggeschnittene Papier kann herunterfallen.

In dem hier gezeigten Beispiel schaut die gezeichnete Nilpferdmutter nach links, die ausgeschnittene nach rechts. Bei jedem Entwurf, der auf der Papierrückseite aufgezeichnet ist, ist also zu beachten, daß das geschnittene Bild auf der Vorderseite spiegelverkehrt erscheint.

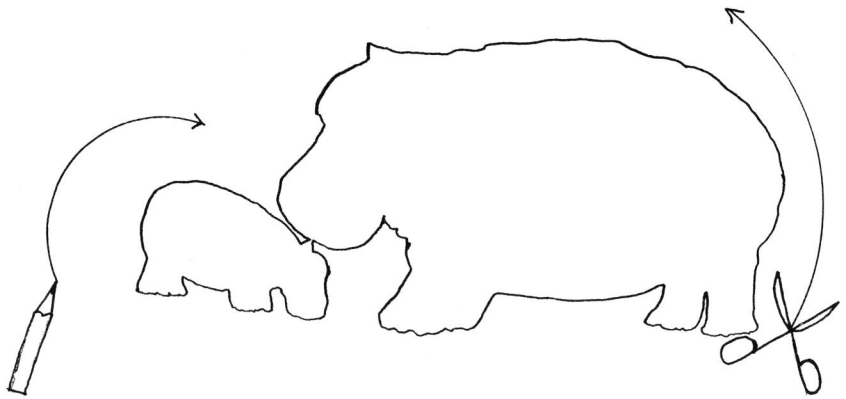

Die Umrisse sind aufgezeichnet und werden jetzt in umgekehrter Richtung geschnitten

Das ausgeschnittene Motiv erscheint spiegelverkehrt

Die verfeinerte Silhouette

Der Reiz eines Scherenschnittes besteht in seiner Kontrastwirkung zum Hintergrund. Diesen Effekt kann man steigern, wenn man ein kompaktes Motiv einer aufgelockerten Fläche gegenüberstellt, wie das bei dem Vogel der Fall ist, der auf einem Zweig mit zierlichem Blattwerk sitzt.

Das Abfallstück soll herausfallen

Die Zweige bilden einen zierlichen Kontrast zum schwarzen Vogel

Bei diesem Motiv wechseln sich Silhouetten-schnitt und Einschnitte vom Rand her ab

Auch hier kann man an einem Punkt mit dem Schneiden beginnen und nicht nur um den Vogel, sondern auch um alle Ästchen und Blätter in einer fortlaufenden Linie herumschneiden, bis man wieder zum Ausgangspunkt zurückkommt. Das heißt, man macht auch bei spitzen Winkeln mit der Schere eine Wendung und schneidet in der neuen Richtung ein Stück weiter, bis die nächste Kehrtwendung kommt.

Es gibt aber auch die Möglichkeit, Einschnitte vom Rand her zu schneiden. Dabei wird die Schere jedesmal neu angesetzt. Bei einer Reihe von Zacken ist es einfacher, gleichmäßig zu schneiden, wenn man zunächst parallele Einschnitte macht und dann von außen her vom Ende des jeweils zweiten Einschnittes auf das innere Ende des ersten Einschnittes zuschneidet. Die Schere wird so angesetzt, daß die Spitze genau das Ende des Einschnitts trifft. Das Abfallstück soll herausfallen, ohne daß zu weit in das Motiv hineingeschnitten wird, und ohne daß man es herausreißen muß.

Welche Art des Schneidens man wählt, hängt ganz vom Motiv ab. Bei dem Schnitt *Baum und Igel* kamen beide Möglichkeiten zur Anwendung.

Das Zackenmotiv als Schmuckelement

Die Zackentechnik läßt sich auch als Schmuckelement einsetzen. Die in der Volkskunst so beliebte Herzform wird dadurch aufgelockert, daß die strahlenförmigen Einschnitte in schmalen Spitzen den Hintergrund durchschimmern lassen. Das macht

Das Herz ist ein beliebtes Volkskunstmotiv

den ganzen Schnitt leichter. Der Übergang von der schwarzen Fläche zum weißen Hintergrund wird dadurch sanft, und die schwarze Fläche wirkt nicht so schwer.

Für Blatt- und Blütenmotive ist diese Technik ebenfalls geeignet.

Innenschnitte

Eine andere Möglichkeit, eine schwarze Silhouette zu beleben, ist mit dem Innenschnitt gegeben. Damit entfernt man sich von den reinen Schattenbildern, bei denen ja nur die Umrisse zu sehen sind.

Ein vergleichendes Beispiel zeigt zwei Hähne. Der eine ist in seinen Umrissen wiedergegeben, wobei versucht wurde, die Federn an der Bauchseite und die Schwanzfedern durch Einschnitte vom Rand her deutlich herauszuarbeiten. Der zweite Hahn hat denselben Umriß. Jedoch ist hier die schwarze Fläche des Körpers durch verschiedene Einschnitte unterbrochen. Das gibt dem Gefieder des Hahns »Farbe« und Struktur.

Bei dem nächsten Beispiel erhalten die Vögel durch Einschnitte eine Gliederung. Deutlich sind jetzt die Flügel zu erkennen, ebenso die Richtung des Brustgefieders und der Schwanzfedern. So wirken die Vögel zierlicher als die schwarzen Silhouetten.

Auf diese Weise läßt sich ein Motiv naturalistisch oder ornamental gestalten. Einmal kann man die Einschnitte wie eine Innenzeichnung einsetzen. Zum anderen eignet sich diese Technik zum Verzieren eines Schnittes, was sonst nur mit Hilfe von Farbe möglich wäre.

Eine Blüte wird durch Zacken aufgelockert

Hahn als Silhouette

Derselbe Hahn mit Innenschnitten

Vögel mit ornamentalen Innenschnitten

So wird es gemacht

Um Löcher in das Papier zu schneiden, muß man mit der Scherenspitze vorsichtig in das Papier einstechen. Dabei hält man den Zeigefinger an der Einstichstelle unter das Papier. Dadurch ergibt sich ein Gegendruck, und das Papier kann nicht reißen. Beim Einstechen dreht man die Schere ein wenig hin und her, um den Einstich zu erweitern. Nun kann man vorsichtig einen runden, ovalen oder anders geformten Einschnitt machen.

Man kann auch mit einer Nadel vorstechen und dann schneiden. Um ein kreisrundes Loch zu bekommen, muß man das Papier im gleichmäßigen Schwung einmal um sich selbst drehen und dabei mit kleinen Bewegungen schneiden.

Drehungen auf den Körper zu, gehen bedeutend leichter als in umgekehrter Richtung. Deshalb kann man das Papier auch wenden, wenn man die Richtung bei Innenschnitten ändert.

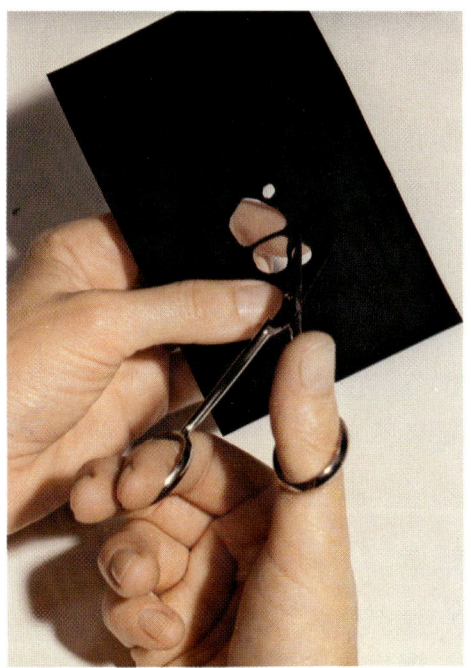

Die Schere wird hin und her gedreht, um den Einstich zu erweitern

Beim Weiterschneiden in die andere Richtung wird das Papier vorher umgedreht

Das Papier hat mehr Halt, wenn man erst die Innenschnitte ausführt und anschließend die Umrisse ausschneidet.

Zuerst werden die Innenschnitte ausgeführt, ...

... dann die Umrisse ausgeschnitten

Einschnitte, die vom Falz aus geschnitten werden

Wer hat als Kind nicht schon einmal versucht, aus einer alten Zeitung eine Maske zu reißen? Dazu wird das Papier der Länge nach gefaltet. In der Mitte des Falzes entsteht ein Loch für die Nase, darunter kommt der Mund. Wird das Blatt oberhalb der Nase noch einmal quer gefaltet, so lassen sich in diesen doppelten Falz beide Öffnungen für die Augen auf einmal herausreißen. Wenn das Papier auseinandergefaltet ist, kann man die Ausschnitte für Augen, Nase und Mund sehen.

Natürlich kann man auch zur Schere greifen und vom Falz aus Einschnitte in ein Blatt Papier machen. Der Ausschnitt wird immer symmetrisch, wenn das Papier aufgeklappt wird. Man schneidet zum Beispiel einen

Aus Zeitungspapier wird eine Maske gerissen

Einschnitte vom Falz her ...

... erscheinen nach dem Auseinanderfalten symmetrisch

Mit einem Schnitt ...

Halbkreis, wenn ein Kreis ausgeschnitten werden soll. Schmale Schlitze werden entweder quer zum Bruch oder ganz nahe an der gefalteten Kante in Längsrichtung geschnitten. Alle möglichen Formen lassen sich so in das Papier hineinschneiden, ohne daß man vorher mit der Schere einstechen muß. Es bleiben also auch keine Einstichspuren zu sehen. Allerdings werden die Innenschnitte immer symmetrisch.

Papier läßt sich in jeder beliebigen Richtung falten, das heißt, die Einschnitte müssen nicht alle übereinander liegen.

Wird das Blatt zweimal gefaltet und von der Spitze der geschlossenen Kanten ein gleichschenkliges Dreieck abgeschnitten, so ist das, auseinandergeklappt, ein Quadrat.

Um die Wirkung von derartigen Einschnitten am Falz auszuprobieren, nimmt man einen schmalen Papierstreifen, der längs gefaltet ist. Alle möglichen Figuren lassen sich hineinschneiden. Diese Musterstreifen werden dann auf farbigen Karton geklebt und ergeben hübsche Lesezeichen. Der Rand eines Scherenschnittes kann ebenfalls mit dieser Technik eine gemusterte Borte bekommen.

... entsteht ein Quadrat

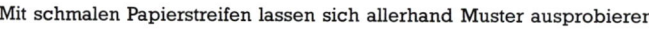

Mit schmalen Papierstreifen lassen sich allerhand Muster ausprobieren

Der Faltschnitt, ein Spiel mit der Symmetrie

Bis jetzt wurden verschiedene Techniken besprochen, die man beim Anfertigen eines Scherenschnittes anwenden kann. Im folgenden wird eine besondere Art des Scherenschnittes vorgestellt, die vor allem in der Volkskunst sehr beliebt und verbreitet ist: der Faltschnitt.

Symmetrische Schnitte lassen sich am einfachsten herstellen, wenn man das Papier in der Mitte faltet und die Hälfte des Motivs vom offenen Rand her schneidet. Der Falz hält beide Hälften zusammen. Er ist zugleich die Symmetrieachse.

Damit sich das Papier beim Schneiden nicht verschiebt, werden die einzelnen Lagen von außen mit Büroklammern zusammengehalten oder am Rand, der später weggeschnitten wird, zusammengeklebt. Die ersten Versuche sollte man ohne Vorzeichnung und Konzept beginnen. Man faltet ein Stück Papier einmal oder auch doppelt. Die Größe des Papiers wählt man so, daß es zusammengefaltet gut in der Hand liegt und leicht nach allen Seiten gedreht werden kann. Nun schneidet man vom Rand her einfach drauflos, um die Ecke, fast wieder zurück bis zum Ausgangspunkt, aber immer so, daß nur das Weggeschnittene herunterfallen kann. Das, was stehen bleiben soll, muß zusammenhängen.

Es gibt unzählige Möglichkeiten, Einschnitte vom Rand und auch vom Papierbruch her anzubringen: runde oder zackige, zierliche oder großzügige — je nach Temperament und »Handschrift«.

Die offene Kante des Blattes kann abgerundet oder zur Dreiecksform geschnitten werden, bevor man mit dem freien Schneiden beginnt.

Die Schere schneidet ruhig und gleichmäßig, während die andere Hand das Papier dreht und wendet. Bei diesem freigestalteten Schnitt kann man sich ganz auf das rhythmische Wechselspiel der Hände konzentrieren und sich dabei durch die ständige Richtungsänderung immer wieder neue Linienführungen einfallen lassen.

Dabei läßt sich auch ausprobieren, welcher Stil einem liegt: Mag man es ganz fein und zart oder lieber großzügig und

Beim freien Schneiden wird der eigene Stil ausprobiert

Erst am Schluß wird der Schnitt vorsichtig auseinandergefaltet

schwungvoll? Liebt man mehr die Zacken und Ecken, oder neigt man zu runden Formen? Jeder hat da seine Vorlieben.

Es fällt manchmal schwer, zu warten, bis der ganze Schnitt fertig ist, bevor man das Papier vorsichtig auseinanderfalten und das ganze Werk bewundern kann. Meist ist man überrascht, was da herausgekommen ist. Einmal wurde es ein Baum, der sich aus der ursprünglichen Dreiecksform ergeben hat. Ein anderes Mal wird daraus ein Ornament, wie in dem zweiten Beispiel.

Aus einem Dreieck entstand ein Baum

Das Ornament entstand aus Papier, das zweimal über Eck gefaltet wurde. Es wurden nicht nur Einschnitte von den Falzen aus geschnitten, sondern auch „Löcher" aus der Mitte heraus

Die Spiegelachse

Während es nicht ganz leicht ist, bei einem einfachen Scherenschnitt die Aufteilung der Flächen ausgewogen zu gestalten, gelingt ein Faltschnitt eigentlich immer recht gut. Deshalb führt gerade für den Anfänger der geklappte Schnitt zu schnellem Erfolg, und man bekommt Mut zum Weiterschneiden und Experimentieren.

In einem Arbeitsgang werden die beiden symmetrischen Hälften geschnitten: ein halbes Herz, ein halber Apfel oder, wie in diesem Beispiel, eine halbe Eule.

Man kann eine Bildhälfte durch die Spiegelung aber auch verdoppeln. Dann stehen sich beispielsweise zwei Pferde gegenüber oder zwei Hunde laufen voneinander weg.

Die Spiegelachse kann zum einen als Mittelmotiv stehen bleiben, wie der Baum bei der Abbildung mit den Pferden. Sie kann aber auch so unterbrochen werden, daß nur wenige Stege als Verbindungsglied übrigbleiben.

Auch ein geschlossener Rand kann den Schnitt zusammenhalten oder ein Steg als untere Begrenzung. Die untere Abschlußkante wirkt in diesem Fall nicht störend gerade und steif, wenn das Papier vor dem Auseinanderfalten an der Unterkante gerissen statt gerade abgeschnitten wird.

Durch die Spiegelung erhält der Faltschnitt seine Ausgewogenheit in der Aufteilung. Faltet man einen fertigen Schnitt auseinander, dann ist man oft überrascht, was sich noch an Wirkung unbeabsichtigt ergeben hat.

Die Eule wurde zur Hälfte aus gefaltetem Papier geschnitten

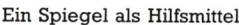
18

Manchmal kommen dabei allerdings auch unerwünschte Effekte zustande. In dem hier gezeigten Ausschnitt eines Scherenschnittes hat sich in dem Baum ein »Gesicht« versteckt, das dort gar nicht hingehört.

Ein »Gesicht« im Baum

Ein Spiegel als Hilfsmittel

Faltschnitt mit Mittelachse. Die untere Kante wurde gerissen

Derartige Überraschungen lassen sich vermeiden, wenn man den Papierbruch vor einen Spiegel hält. So kann man sehen, wie der Schnitt im ganzen wirken wird. Korrekturen lassen sich jetzt noch leichter anbringen als nach dem Aufklappen.

»Vogelbaum«. Ein Faltschnitt ohne begrenzenden Rahmen

Ein Fries, entstanden durch zieharmonikaförmige Faltung

Der doppelt und dreifach gefaltete Schnitt

Will man einen Schnitt aus mehrfach gefaltetem Papier schneiden, so muß man dünnes Papier und eine kräftige Schere nehmen.

Ein rechteckiges oder quadratisches Blatt wird über Kreuz gefaltet und dann wie beim einfachen Faltschnitt so geschnitten, daß das Papier noch netzartig zusammenhängt. Die Schere soll mit ihrer Schnittfläche senkrecht zum Papier gehalten werden, damit sich die vier Papierschichten nicht verschieben. Man schneidet in diesem Fall nur ein Viertel der Fläche.

Nach dem Auseinanderfalten erhält man ein nach oben und unten und nach rechts

Aus dem gefalteten
Dreieck wurde eine Raute

und links gespiegeltes Bild; das heißt, die eine Hälfte der Abbildung steht auf dem Kopf.

Diese Schnitte haben einen ornamentalen Charakter. Es ergeben sich vielerlei geometrische Figuren als Grundformen, wenn man das so vorbereitete Papier entsprechend zuschneidet: auseinandergefaltet wird aus einem Viertelkreis ein Kreis; aus einem Dreieck eine Raute.

Wenn man das Papier mehrmals faltet, wiederholt sich der Bildausschnitt entsprechend oft. Auf diese Weise kann man das gleiche Motiv mehrfach aneinanderreihen. Ein Streifen Papier wird dafür zieharmonikaförmig gefaltet. Die einzelnen Elemente müssen am Falz miteinander verbunden bleiben.

**Der Viertelkreis wird
auseinandergefaltet zum Kreis**

Die Unterbrechung der Symmetrie

Wem es zu langweilig wird, symmetrische Bilder zu schneiden, der kann die Symmetrie auch in einzelnen Teilen des Schnittes unterbrechen. Das geht so vor sich: Zuerst schneidet man alles, was gespiegelt werden soll, und läßt die Papierfläche für die Einzelschnitte stehen. Nach dem Auseinanderfalten können nun die beiden ausgesparten Flächen einzeln weiter bearbeitet werden.

Zuerst wird das doppelte Papier beschnitten

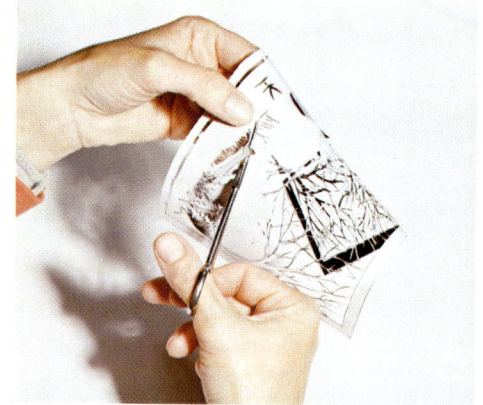

Nach dem Auffalten wird einzeln weitergearbeitet

Der fertige Schnitt. Die Einzelmotive erscheinen seitenverkehrt.

Beim Schneiden muß man sich ein wenig umstellen, denn bei doppeltem Papier muß mehr Druck auf die Schere ausgeübt werden. Das einfache Papier schneidet sich viel leichter, man sollte deshalb vorsichtig beginnen.

Für diese kombinierten Schnitte braucht man einen genauen Plan. Zunächst wird das zu spiegelnde Motiv aufgezeichnet oder skizziert. Der Teil, der für den Bereich des Einzelschnittes ausgespart bleibt, wird mit dem einen der beiden Einzelmotive versehen. Nach dem Auffalten hat man für das zweite Einzelmotiv die gleiche Papierfläche zur Verfügung. Es ist zu beachten, daß die Einzelschnitte nachher spiegelverkehrt erscheinen.

Trachtenpaar

Die Abbildung des Schwarzwälder Paares zeigt eine Kombination von Doppel- und Einzelfaltung und Einzelschnitt.

Das längs gefaltete Papier wurde zunächst in der oberen Hälfte noch einmal quer gefaltet. In diese vier Papierschichten wurde dann die Baumkrone geschnitten. Lediglich am unteren Teil mit dem Stamm wurde erst nach einmaligem Auffalten weitergearbeitet. Stamm, Blüten, Herz und Wurzelwerk sind doppelt geschnitten. Zuletzt entstand das Paar in Einzelschnitten.

Der Negativschnitt

Beim Scherenschneiden müssen die Silhouetten nicht immer als schwarze Schattenrisse auf einem hellen Hintergrund erscheinen. Es geht auch umgekehrt: Das Bild wird als Negativ aus dem schwarzen Papier herausgeschnitten.

Beim Vogel wurde nur die Technik der Innenschnitte angewendet. Die Wirkung des Negativschnittes ist vollkommen anders als bei der positiven Abbildung. Beim Schneiden muß man umdenken: Was bleibt vom Papier stehen, was wird weggeschnitten? Auch hier sollen keine Papierteile herausfallen, die zum Bild gehören.

Aus einem Negativschnitt kann man zwei Bilder machen, wenn man das Schattenbild in einem Stück schneidet, so daß auch das weggeschnittene Papier zusammenhängt. Dann sind beide Teile zu verwenden, einmal als Positiv, einmal als Negativ. Um das zu erreichen, muß man besonders sorgfältig alle Umrisse mit der Schere umkreisen, bis man

Vogel als Negativschnitt

wieder zum Ausgangspunkt zurückkommt. Dabei sollte man auf Innenschnitte verzichten. Das Motiv wird einmal schwarz und einmal weiß abgebildet.

Zwei Bilder aus einem Schnitt

Weißschnitte

Bisher wurde ausschließlich schwarzes Papier für die abgebildeten Beispiele verwendet, die man dann auf weißen Karton klebte. Man kann aber für einen Schnitt auch andersfarbiges Papier nehmen, zum Beispiel weißes.

Die schwarze Fläche wirkt kleiner als die gleichgroße weiße. Man ist deshalb versucht, mit weißem Papier feiner zu schneiden. Aus diesem Grund wurden früher ganze Spitzenränder aus weißem Papier geschnitten. Die heute noch üblichen gestanzten Tortendeckchen und Manschetten für Biedermeiersträuße sind ein Überbleibsel dieser Tradition.

Für einen zarten weißen Scherenschnitt wirkt ein schwarzer Hintergrund sehr hart. Ganz anders sieht er auf einem farbigen Untergrund aus. Fotokarton in vielen Farben eignet sich zum Bekleben. Kleine Schnitte kann man auch auf farbige Briefkarten kleben. Je nach Untergrund wirkt der Schnitt immer wieder anders.

Scherenschnitt, einmal schwarz —

einmal weiß

Variationen beim Weißschnitt durch verschiedenfarbigen Untergrund

Farbige Scherenschnitte

Anstelle von weißem Papier läßt sich natürlich auch farbiges Papier für einen Scherenschnitt verwenden. Das Typische des Scherenschnittes aber, daß er aus einem Stück Papier geschnitten ist, sollte auch dabei erhalten bleiben.

Das hindert aber nicht daran, ihn noch farbig auszugestalten, das heißt, auf den einfar-

Ein Baum aus Buntpapier

bigen Grundschnitt an einzelnen Stellen farbige Ergänzungen aufzukleben.

Der Übergang vom Scherenschnitt zur Collage ist dabei fließend. Es ist sicher manchmal schwer zu unterscheiden, ob es sich hier um einen Scherenschnitt oder schon um ein Klebebild handelt.

Um einen Scherenschnitt farbig auszugestalten, braucht man außer den Grundmaterialien Schere und verschiedene farbige Papiere noch ein paar Hilfsmittel: Bleistift, Seiden- oder Pergamentpapier zum Durchpausen und Klebstoff.

Es gibt zwei Möglichkeiten, das Farbenproblem technisch zu bewältigen. Sie werden je nach Situation und Vorhaben angewendet.

Ein Scherenschnitt kann farbig ausgestaltet werden

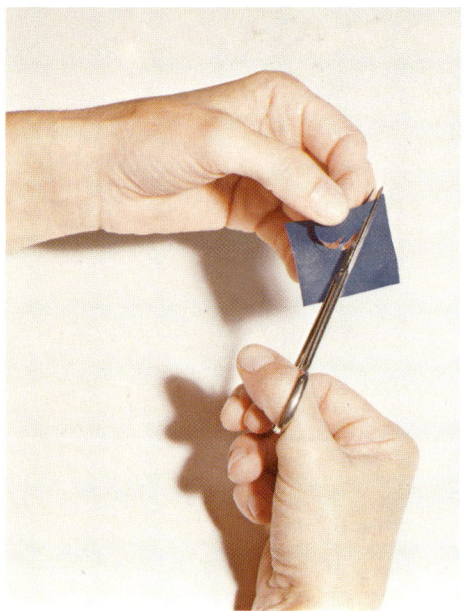

Die obere Farbschicht wird ausgeschnitten

1. Möglichkeit: Aufbau von oben nach unten

Dabei beginnt man mit der obersten Farbschicht, die ausgeschnitten und auf ein Stück Papier der nächsten Farbe geklebt wird. Die nächsten Umrisse lassen sich nun leicht ausschneiden. So kann man Schicht um Schicht zusammensetzen, bis man zuletzt die Umrisse des ganzen Motives schneidet. Diese Methode ist vor allem für freie Schnitte geeignet. Die endgültige Form des Farbschnittes ergibt sich erst, nachdem alle Farben aufeinander geklebt sind.

Nach dem Aufkleben werden die Umrisse der zweiten Farbe geschnitten

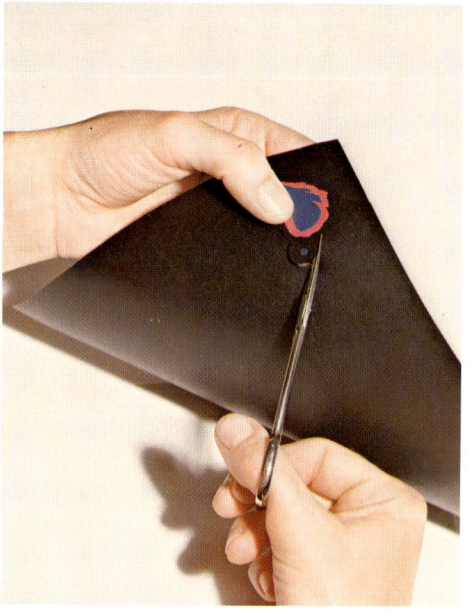

Zuletzt erhält der Schnitt die Silhouette

2. Möglichkeit: Aufbau von unten nach oben

Hier beginnt man mit der Grundform. Dabei schneidet man nur grobe Umrisse bei den Stellen, die farbig ergänzt werden sollen. Denn die Feinheiten sollen ja durch die aufgeklebten andersfarbigen Schichten entstehen. Für die farbige Ausschmückung überträgt man den Ausschnitt, der verziert werden soll, auf farbiges Papier. Entweder zeichnet man sich die Umrisse auf Seiden- oder Pergamentpapier, das mit dem Buntpapier zusammen geschnitten werden kann, oder man paust sie durch. Wenn man die Umrisse auf die Rückseite des bunten Papieres überträgt, dann muß man beachten, daß sie noch einmal vorher gespiegelt werden müssen.

Der übertragene Ausschnitt wird nun kleiner als die Vorlage geschnitten und je nach Vorhaben mit Einschnitten oder Innenschnitten versehen.

Ebenso verfährt man bei weiteren Farbschichten, die dann aufeinander auf den Grundschnitt geklebt werden.

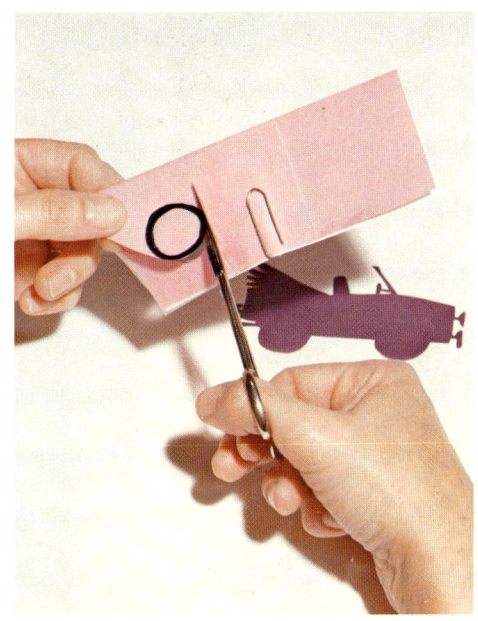

2 ... und zusammen mit dem Buntpapier geschnitten

1 Die Umrisse für die Verzierung werden übertragen ...

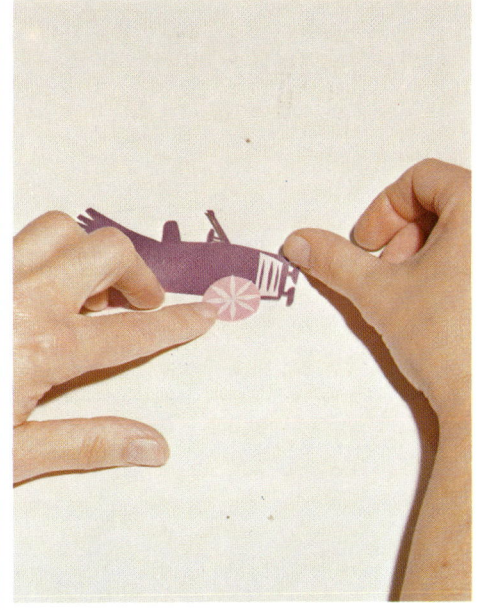

3 Die Verzierung wird aufgeklebt

Das Aufkleben

Ein fertiger Scherenschnitt braucht auf jeden Fall einen passenden Hintergrund. In der Regel wird man ihn auf Karton kleben und rahmen, damit er vor Staub geschützt ist.

Je nach Schnitt nimmt man weißen oder farbigen Karton als Untergrund. Den Karton schneidet man ungefähr in doppelter Größe des Scherenschnittes zu. Entweder markiert man nun die Lage des Schnittes auf dem Karton, oder man benutzt ein Schablonenpapier von gleicher Größe als Zwischenträger, auf dem die Umrisse über einem Achsenkreuz aufgezeichnet werden.

Der Scherenschnitt wird mit der Rückseite nach oben auf ein sauberes Papier gelegt. Mit Hilfe eines Pinsels streicht man den Tapetenkleister gleichmäßig auf den Schnitt. Damit sich kein Klebstoff auf die rechte Schnittseite schieben kann, streicht man immer von innen nach außen.

Kleine Schnitte können auch mit einem Klebestift eingestrichen werden.

Den eingestrichenen Schnitt löst man vorsichtig ab, dreht ihn um und legt ihn auf den Karton, wo er erst glatt gelegt wird, bevor man ihn mit einem sauberen Leinenlappen oder einem Papiertaschentuch andrückt. Dabei werden auch austretende Kleisterreste aufgesaugt.

Wenn man mit Zwischenpapier arbeitet, wird der eingestrichene Schnitt mit der Klebeseite nach oben auf das Schablonenpapier gehoben und behutsam in die richtige Lage gerückt. Nun kann der Trägerkarton passend auf die Schablone gelegt werden.

Nachdem er angedrückt wurde, kann man ihn umdrehen. Das Schablonenpapier läßt sich nun leicht abziehen. Der Schnitt klebt jetzt am richtigen Platz auf dem Karton. Mit einem Tuch wird er noch angedrückt. Dabei darf man auf keinen Fall reiben, weil sich sonst das feuchte Papier verschieben würde.

Der aufgeklebte Schnitt wird nun zwischen Löschblätter gelegt und beschwert, bis er trocken ist. Wenn man das nicht macht, kann es passieren, daß sich der Karton wellt.

Die Rückseite des Schnittes wird mit Klebstoff bestrichen ...

... und aufgeklebt

Das Aufkleben größerer Schnitte und der Faltschnitte

Faltschnitte ohne begrenzenden Rand und große Scherenschnitte werden in Etappen aufgeklebt.

Zunächst preßt man den fertigen Schnitt, der nach dem Schneiden sehr kraus und wellig geworden ist. Am besten legt man ihn eine Weile unter eine Glasplatte. So kann man ihn begutachten und, falls man es für nötig hält, noch korrigieren. Oder man legt ihn glatt unter ein großes Buch zum Pressen. Er läßt sich auch unter Seidenpapier bügeln. Alle Kniffe verschwinden nach dem Aufkleben.

Die Lage des Schnittes wird mit Bleistift auf dem Karton markiert, zum Beispiel die Mittelachse und die untere und seitliche Begrenzung.

Jetzt richtet man sich ein Stück Papier in Kartongröße und teilt es je nach Lage der Mittelachse längs oder quer. Der Scherenschnitt wird mit der rechten Seite nach oben auf den Karton gelegt. Das eine der gerich-

2 Die Lage wird markiert

1 Der Schnitt wird unter Glas gelegt und gepreßt

3 Die Schnitthälfte wird abgedeckt

4 Der Schnitt wird mit Kleister eingestrichen, ...

7 ... und mit einem Tuch angedrückt

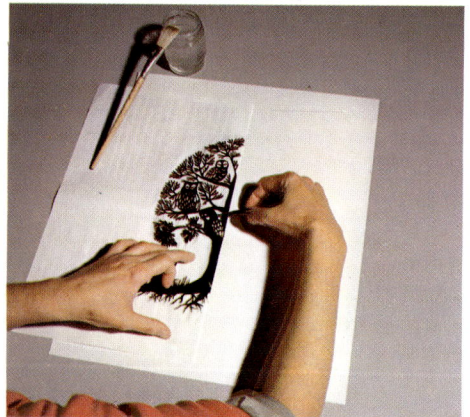

5 ... mit der Scherenspitze vorsichtig vom Untergrund gelöst, ...

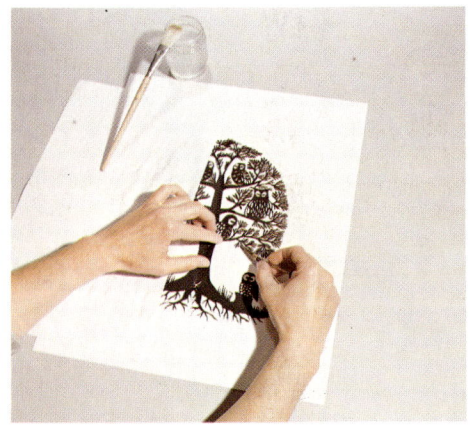

6 ... auf den Karton zurückgeklappt, ...

teten Papiere wird so darauf gelegt, daß es die eine Hälfte des Kartons bedeckt.

Nun klappt man die sichtbare Seite des Scherenschnittes auf das Papier und bestreicht sie mit Kleister. Dabei muß man achtgeben, daß sich weder Schnitt noch Papier verschieben. Nachdem man die eingestrichene Schnitthälfte vorsichtig mit der Schere angehoben hat, klappt man sie wieder zurück, legt sie zurecht und drückt sie auf dem Karton fest.

Das zweite Zwischenpapier wird nun an der Symmetrieachse des Scherenschnitts entlang, diesmal auf die aufgeklebte Fläche, gelegt. Nachdem man die zweite Schnitthälfte umgeklappt und mit Kleister eingestrichen hat, kann man sie, wie oben beschrieben, ebenfalls aufkleben.

Der fertige Schnitt wird nun gepreßt.

Bei großen Formaten verfährt man ebenso, jedoch arbeitet man beim Aufkleben in kleinen Etappen.

Trotz aller Vorsicht kann es doch einmal passieren, daß sich der Schnitt beim Aufkleben verschoben hat und an einzelnen Stellen Falten bildet. Da hilft dann nur ein Korrekturschnitt an einer günstigen Stelle. Dazu hebt man das Papier an, schneidet es durch und drückt es nach einer kleinen Schnittkorrektur wieder an.

Wenn der Karton auch nach dem Pressen noch wellig ist, so kann er auf der Rückseite mit einem zweiten, starken Karton beklebt werden. Nach dem Pressen haben sich die Wellen dann ausgeglichen.